WO DIE LIEBE HINFLIEGT

爱飞往的方向

Tanja Brandt
〔德国〕塔尼亚·布兰特 著　李琪 译

译林出版社

图书在版编目（CIP）数据

爱飞往的方向 /（德）塔尼亚·布兰特著；李琪译．—南京：译林出版社，2018.6

ISBN 978-7-5447-7315-7

Ⅰ.①爱… Ⅱ.①塔… ②李… Ⅲ.①故事-作品集-德国-现代 ②动物-艺术摄影-德国-现代-摄影集 Ⅳ.①I516.85 ②J439.5

中国版本图书馆CIP数据核字（2018）第057128号

著作权合同登记号　图字：10-2017-294号

爱飞往的方向［德国］塔尼亚·布兰特／著　李琪／译

责任编辑　陆元昶
特约编辑　唐文惠　张兰坡
装帧设计　灵动视线
校　　对　王兰英
责任印制　贺　伟

出版发行　译林出版社
地　　址　南京市湖南路1号A楼
邮　　箱　yilin@yilin.com
网　　址　www.yilin.com
市场热线　010-85376701
排　　版　灵动视线
印　　刷　北京旭丰源印刷技术有限公司
开　　本　965毫米×635毫米　1/24
印　　张　6⅔
版　　次　2018年6月第1版　2018年6月第1次印刷
书　　号　ISBN 978-7-5447-7315-7
定　　价　39.80元

目　录

前　言

每当我和我的动物伙伴们漫游在原生森林中时，我们都非常享受这渺无人烟的森林所带来的悠远广阔的宁静。寸步不离地陪伴在我身边的是牧羊犬尹戈和纵纹腹小鸮波尔迪，有时也会有其他给予我很多爱的动物室友。这时，我会感受到只有在大自然中才能感知的一种自由。让我感慨更多的则是我们与大自然建立了一种不可名状的和谐关系，幸福真的触手可及。

有时，即使有暴雨来袭，即使鞋子统统湿透，我也浑然不在意。重要的是，我有尹戈、波尔迪和其他飞鹰的陪伴，当然还有照相机。在年少的时候，我就已经发现自己对拍照的热情，直到我经历了许多不同的生活阶段之后才真正开始行动起来，并通过自学掌握了这门技艺。当然，在这个过程中，和动物的共同生活起到了决定性的作用，因为我的模特儿们会乖乖遵从我的指令……

没错，至少大部分情况下是这样的。为了能给我所守护的动物拍出漂亮的照片，我曾跋山涉水，也曾披星戴月，只为了捕捉到最美的光线。

我希望这本书里的照片能将你引入一个几乎被人遗忘的世界，能让你走进我们魅力四射的大自然。请打开你的心房，去迎接被遗忘的情感和向往，去了解友谊和信任的真正价值，去发掘在人与动物彼此理解中油然而生的奔涌的力量。

我非常荣幸能向你介绍我最喜欢的两位动物伙伴——尹戈和波尔迪。它们两个是完全不一样的动物，大概属于在猎场上会斗个你死我活的两种类型。可是，我的牧羊犬和猫头鹰从它们第一天见面开始就非常喜欢对方。这是一种我曾经以为永远都不可能实现的友谊。当然，这两位有时也会吵架，可一旦碰到危险的情况时，它们就会团结一致并且保护对方。

当波尔迪用它的长嘴亲近我或者是尹戈在某个静谧的时刻把它的爪子放在我的脚上时，我会感受到一种深厚的信任。当我们在森林中因为听到树丛下传来的可怕咔嚓声而紧紧靠在一起时，我意识到，我们这种家人式的团结在日益增强。我也曾有过悲伤的时候，也有过失去的惶恐，有时也不得不经历痛心的离别。可是，尹戈和波尔迪始终都在我的身边支持着我，它们靠近我，安慰我，满满都是真诚的、无条件的爱。

祝你阅读愉快！

你的

塔尼亚·布兰特

扫码试读本书内容

序　章

在希腊神话中，陪伴着雅典娜女神的猫头鹰是智慧的象征。在中世纪，它的名字却演变成了神秘的夜间猎人的代名词。从此之后，猫头鹰就被看作会给人类带来灾祸的生物，甚至死亡的使者。人们认为这样一种总是躲避着阳光，却在夜晚哀号，并发出刺耳鸣叫的造物，只可能与女巫和魔鬼息息相关。但是，自从哈利·波特的忠实伙伴，那只名叫海德薇的雪鸮出现之后，越来越多的人开始向宠物商店和养殖场打听起猫头鹰来。我非常能够理解大家想要一只温驯的猫头鹰当宠物的愿望，谁又能抵抗得了雪鸮或者纵纹腹小鸮的魅力呢？

如果把这些“夜之王者”只是关在房间或者小笼子里，这恐怕并不会让它们开心。只有在大自然中，或者是在宽敞的、可以进行狩猎和飞行的鸟舍里时，它们才会觉得舒服自在。

当猫头鹰端庄地坐在树干上，用大大的眼睛望着你时，它们会散发出一种强大的沉静气息，但它们蓬松的羽毛则是在邀请你和它们亲密偎依。不过，拥有着尖锐的鸟喙、强有力的双足以及锋利爪子的它们并不是安全无害的。

经常出现在电影里的那种被驯服得温顺的猫头鹰，现实生活中却很罕见。要想赢得它们的信赖，你必须长年累月地关注它们，为它们提供飞行的机会和足够多的花样变化。然后，猫头鹰才会成为你忠实的伙伴。但如果它们对你抱有不信任，或者觉得自己的饲养者对它们形成了威胁，那它们会牢牢记在心里，甚至会疏远你。

如果你想更进一步了解这些迷人的动物，可以去大自然中、野生公园或者动物园里观察它们。在很多大型动物园里都会有小小一方属于猫头鹰的真正乐土，纵纹腹小鸮可以在那里生长到十五岁高龄。如果你想要亲近这些动物，可以去观看一场提供动物领养的驯鹰活动。说不定，你也可以通过这样的方式找到一位能陪在你身边的新朋友呢！

现在，就让我来给你说一说我和这些神奇小伙伴共同生活的经历吧。

第一章

与小波尔迪的相遇

在很早以前，我就一直想要在身边养一只小小的猫头鹰，一方面是因为我非常喜欢它们那奇特的样子，另一方面是因为这些动物看上去实在是太可爱了。而那拥有一双与小小身体完全不相称的大眼睛的纵纹腹小鸮，如狂风暴雨般地征服了我的心。在我和波尔迪相遇的第一刻，我就觉得自己被它深深地打动了，可以说这就是一见钟情。

一只纵纹腹小鸮的高度大概有22厘米，翼展的宽度在55到60厘米之间。眼睛上的白色条纹是它的典型特征。

事实上，波尔迪的确与众不同，它相当傲慢，略微有些自视过高，而且眼神从来都保持冷淡，这让它个性十足。

旁人可能会觉得它特别喜欢用奇怪的眼神吓唬周围的一切生物。然而实际上，它是一个非常黏人的小家伙，它喜欢舒服地依偎着我，美美地享受我们俩的共处时光。但如果它最好的朋友尹戈也在一旁的话，通常就没我什么事儿了。

纵纹腹小鸮主要以吃老鼠为生，不过，蚯蚓和昆虫也会被列进它们的食谱。可是说到吃食，波尔迪却非常挑剔，除了它还真没有别的小鸮会这样，因为它对死老鼠厌恶至极。有一次，它甚至把我放进鸟舍里的老鼠用嘴顶了出来。它完全不喜欢老鼠，对蚯蚓、蛞蝓或者昆虫也同样不屑一顾。鸟舍是小波尔迪非常喜欢的一个庇护场所。

这里有属于它自己的空间，当它疲惫烦扰的时候，当它需要时间来闹别扭或者想要沉思一番的时候，它就会回到这里。在这种时候，绝对不可以去打搅波尔迪先生，不然的话，它又会摆出那张恶狠狠的阴沉面孔，即便是我也会被这表情逼退两三步。

培育员告诉我，波尔迪的整个家族都不喜欢老鼠。很显然，鸮族和我们人类一样，也有着自己的饮食习惯。我暗自担心，我的这位小伙伴在野生猎区中恐怕是没有存活机会的吧，因为它不但相当挑食，如今也早已习惯了饭来张口。它特别喜欢吃的食物是出生只有一天大小的雏鸡。不过，有一天它的心情特别不好，以至于在进食的时候没了胃口，倒在小雏鸡的身上就呼呼睡了过去。

第二天早上的场景真是好笑极了，小雏鸡牢牢地粘在了波尔迪的肚子上，让它一时之间只能怀揣着雏鸡四处晃悠。我用温热的肥皂水小心翼翼地替它解决了这场小意外，于是，波尔迪又重新变得干干净净了。

野外的纵纹腹小鸮大多会出现在开阔的平地上。比如牧场、草地或者是种有老果树的果园。

自从我第一次见到波尔迪之后，就再也忘不了它。当它终于来到我身边时，才刚刚六个月大。我被这个小家伙迷得神魂颠倒，但是说老实话，我同时也有一点担心我们俩能否相处融洽。对此，就连培育员也并不看好，他觉得我大概没办法驯服波尔迪。要知道，纵纹腹小鸮的繁衍是非常艰难的。

只有在非常幸运的情况下，雌性小鸮才会在早春时节的数日之内断断续续地产下两到六枚蛋。第一只破壳而出的小鸮在它的兄弟姐妹中间有着显著的优势。在最开始，鸮爸爸鸮妈妈的注意力都会放在第一个孩子身上，这意味着它能得到更多的食物，于是也就拥有最大的存活概率。一旦下一只小鸮破壳，幼鸟之间将会展开一场激烈的竞争，叫得最频繁也最响亮的那一只幼鸮将会获得最多的食物。而从这种情况来看，波尔迪也是与众不同的，因为它是第七个孩子。

对这种小个头的鸟类来说，连下七枚蛋是一个很了不起的成绩。雌鸮孜孜不倦地孵着卵，直到二十五天之后第一只雏鸟破壳而出。等到全部七枚鸟蛋中的六枚都被敲破，六只丁点大的小鸮先后探出小小的脑袋来时，总共花了三天时间。只有一枚蛋始终没有动静，完全纹丝不动。蛋壳上并没有出现任何可以显示蛋内有生命体存在的裂纹。又过了两天，兄弟姐妹们已经干干爽爽并且吃过它们的第一顿饭之后，这时，我们已经放弃了希望，觉得再也不会有进展了。于是，培育员取走了这枚蛋并把它带进了客厅。突然，一声轻轻的咔嚓声传来，波尔迪为自己开辟了一条生命之路。它是一名斗士，从一开始就是。因为它强烈的生存意志，它得到了一个响亮的称号——拿破仑（昵称波尔迪）。这是一位将来会做出大成就的小个子斗士。

不得不承认，这副模样也只有做母亲的才会喜爱。

波尔迪完全可以算作东弗里斯兰地区的土著居民。它出生于距离北海海岸十五公里的维特蒙德。在过去的数百年间，这个位于下萨克森州的小城时不时就会遭受水淹。波尔迪知道这个情况吗？不管怎样，它对水有着明显的恐惧。虽然它偶尔也会飞向有水的地方，但对水却始终抱有敌意。

纵纹腹小鸮是洞穴孵卵鸟类，它们在老树、夹缝或者教堂的尖顶上筑巢。然而，和很多其他鸟类一样，可供它们筑巢的地方在逐渐减少。如今，动物保护者们为纵纹腹小鸮提供了筑巢援助。这种支持对它们来说是极为必要的，因为它们已被列入濒危物种的红色名录。

培育员把这只幼小的纵纹腹小鸮装在纸盒里交给了我。我刚刚才把它拿在手里，它就开始咿咿乱语起来，而且是喋喋不休式的。

从它的鸟喙中迸出一连串说不清道不明的音节和调子，那是我从未听过的尖锐哨音和叽里咕噜声。我觉得，它好像是想要告诉我某些非常重要的事情。虽然有很多人奉劝过我，不要养一只像波尔迪这样个性极强的动物在身边，可是在这一刻，我觉得自己做得非常正确。

从第一天开始，不管我走到哪儿都会带上波尔迪：在汽车里，在房间里，去参加我的交流会，每次散步的时候，甚至去超市的时候。慢慢地，它表现出了信赖感，并且变成了我忠实的伙伴。有一点我非常清楚，我选择了这位长着翅膀的朋友是非常正确的。如今，波尔迪已经成为我这个五彩斑斓的混合家庭中宝贵的一员，这让我非常开心。

马林诺斯犬是比利时牧羊犬中的一个短毛品种。在当今，它们主要被作为工作犬来使用。因而，我们经常能在警察局和海关见到这一种族。

第二章

牧羊犬尹戈的到来

自从我记事以来，身边就一直陪伴着各种各样的动物，其中尤其吸引我的是犬类。在很长一段时间里，我曾有过一条非常喜欢的狗，而生活常常会出现惊喜。某天，一位培育员给我打来电话，想要卖给我一条牧羊犬。他向我推荐的是艾斯克巴——这是他给它取的名字，说这是一条顶尖水平的狗，血统纯正、身体健康，并且长得也很匀称。可当我第一次见到这条小公狗时，我对培育员的评估能力稍稍有些怀疑。他为我挑选出来的这条狗更像是一条流浪狗，个头有点小，四腿有点弯，额头上有皱纹，耳朵还超级大。而且，我总觉得这条狗有点自闭，它非常内向，表现得很不合群。

它是所有小狗里个头最小的一只，第一眼看上去也是长相最丑的一只，不知道哪个地方看上去总是有点不协调。然而，我注意到尹戈——这是我给它取的名字——是一条非常友好的小狗，它的社交行为很有榜样风范。它把全部的时间都花在玩耍上，先是玩皮球，然后玩树叶或者玩骨头。它的兄弟姐妹在它周围跑来跑去，大家争争吵吵、打打闹闹，纷纷抢走了它的玩具。而尹戈是怎么做的呢？它只是静静地趴下来观察大家，而我有种感觉，它似乎在微笑。它散发出来的这种平和感深深迷住了我。既然是这样，我就听从了心底的决定，于是，尹戈就成了我动物家庭中的一员。而且，它逐渐成长为我一直都很期待的绝佳拍档。

第三章

尹戈与波尔迪——一段坚定不移的深情厚谊

早在第一次见面的时候，尹戈就把波尔迪放在了心上，它立刻就想要和波尔迪愉快地玩耍。它一边慢慢地靠近这位新的家庭成员，一边把目光盯向地面。它的行动非常小心翼翼，简直可以说是温柔细致。虽然波尔迪对尹戈的靠近抱着怀疑态度，但是这一对差异巨大的小家伙之间仿佛迸发出了某种特别的能量。一开始，波尔迪很是疲倦，时不时地打着盹儿——离开它的猫头鹰家族并且搬进新家，这已经耗尽了它的力气。

波尔迪对尹戈的观察是非常细致谨慎的。它眉毛下边的黄色眼睛迸射出怀疑的光芒，而它乖戾的面部表情似乎也在诉说着千言万语。对我，它很快就表现出了信任。它最喜欢紧靠着我的耳朵坐着，或者在我的肩膀上攀来爬去，一边玩着我的头发。时不时地，它也会大着胆子在地面上逗留。接着，它开始允许尹戈亲亲热热地靠近它，允许尹戈用它湿润的狗鼻子温柔地戳一戳自己。真庆幸，这个动作并没有推倒波尔迪。好在我事先已经训练过尹戈，所以它不会攻击我的鸟儿们，更不会把它们当成猎物来追逐。在它们身边，尹戈总是会展现出一种特别的沉静。而在它和波尔迪之间的空气中却弥漫着一种魔力，就好像它们俩拥有某种共同的语言，而它们也的确能够通过眼睛和肢体来传情达意。

这条比利时牧羊犬的天性可以说是安详沉静的，但是它也想要得到支持，并不断地接受新的挑战。

在和尹戈、波尔迪或者其他的猛禽一起散步的时候，我总会带上我的摄影装备。想要拍出一张好的照片，也许需要花上相当长的一段时间，哪怕我的模特儿们就在我身边，可以随传随到。在拍照片这件事情上，尹戈和波尔迪都无条件地信任着我。在镜头前面，它们一点儿也不羞怯。虽然，想要让波尔迪坐在繁花丛中，或者是蹲在树干上面，大多数时候都必须再三再四地央求它。它常常会让我等了又等，特别是当我希望它能露出友好的表情时，那就更别提了。但是尹戈却会积极地配合每一场嬉闹。

当然，在有些日子里，我们完全不愿意出门，也就是当天气很冷、很潮湿或者是让人觉得不太舒适的时候。这时，我会简单地吃一点早餐，喝一些咖啡，而尹戈吃的是它最喜欢的烤牛肉，然后我们会直接重新回到床上去。有的时候，我也会让我守护的这些小家伙一起做家务。不管我是准备洗衣服，还是必须熨烫那堆积成山的衣物，大家都会通过自己的方式来搭把手。

1886

当我在德国各地旅行，为动物爱好者们讲解正确的摄影技术的时候，我经历了很多好笑的，有时甚至是非常怪诞的事情。我的动物们喜欢和我一起旅行，它们特别钟爱乘坐汽车。每当这时，尹戈会坐在后备厢里，而波尔迪则舒服地蹲在方向盘上。只要汽车一发动，它就会心醉神迷地看向窗外飞驰而过的风景。说到飞驰，纵纹腹小鸮根本就不太喜欢飞。对波尔迪来说，在空中挥舞翅膀实在是太辛苦了。有时候我会想，它可能正是因为这个原因才那么喜爱坐车，坐着汽车从一个地方到达另一个地方，真是舒服又惬意啊！

尹戈和波尔迪每天都在用行动展示它们有多么亲密，而且它们还特别关心和照顾对方。如果感觉到别人对尹戈使坏，这时，小小的波尔迪会变得非常生气。在某个美妙至极的春日，我和这两只动物正坐在草地上，只见一只大黄蜂径直地向尹戈冲过去。这只黄蜂在波尔迪的眼里显然是一名令人讨厌的侵略者，自信而傲慢如它，立即快速地杀向了黄蜂，叫骂着，鸟喙开开合合，同时还向捣乱分子投过去一个恶狠狠的眼神。它并没有躲藏到尹戈身后，而是展现出它真正的保护者天性，并且赶跑了敌人。

除了在盛夏时节，我们屋子后面的那片草地几乎天天都会被淹没在水里。在很长的一段时间里，有这样一幅画面始终萦绕在我眼前。那时，尹戈想把小波尔迪放在划水板上拉着走，而我则用橡皮套鞋武装好自己，在水洼里踩来踩去。但遗憾的是，波尔迪并不喜欢水，也很讨厌把双脚弄湿。于是，我就用旧的木板和绳子做了一个浮船式样的东西，并在船头用绳子绑了一根木棍。木棍是用来给尹戈牵拉小船的。现在，就只等着波尔迪乖乖上船了。由于我那固执的小鸮完全不准备移动尊驾，于是我干脆把它拎到了浮船上面，同时命令尹戈开始慢慢地拉船。然而，尹戈实在是太兴奋了，它雀跃着跳腾起来，于是波尔迪往后一仰从船上栽进了水里，就差做个空翻动作了！只听咕咚一声，它就不见了踪影。

这个水洼不是很深，所以波尔迪也很快浮出了水面，我笑得前仰后合，因为我的小鸮自从出生以来从未露出过这样生气的表情，如果眼神可以杀人的话……

在莱茵以及下莱茵梯地的砾石和沙土被开采完之后，翁特巴赫的艾尔普湖就此产生。它是由翁特巴赫湖、艾尔普湖、门泽尔湖以及德莱埃克威尔湖所组成的多湖平原的一部分。我们非常喜欢在这个地区逗留。在那里，尹戈和波尔迪总让我觉得像是一对喜欢一边享受着安宁又一边看着船来船往的老年夫妇。

它们总是会选中照片里的这条长椅，然后坐在上面，看着风景，沉默着。这常常会让人以为，它们已经这样持续了好几十年。这是一种非常和谐的相依相伴，这再一次说明，即使最不相同的生物也是能够亲密无间的。

当波尔迪的心情真的非常恶劣的时候——而这也并非稀有现象——那种深切的和谐感也就所剩无几了。这时的它会寻衅生事，眼神阴沉得深不可测，眼睛中的黄色会变得更浓烈也更刺眼。在这样的日子里，如果不能让一切事情都合它的意顺它的心，它就会变得非常非常让人讨厌。这时，它喜欢啄一啄尹戈的耳朵，或者很不温柔地用爪子拉扯尹戈的下嘴唇。不过，尹戈知道波尔迪心情不好，面对这些攻击它会心平气和地不做还击。

因为它知道，人人都会有心情糟糕的时候，而这很快就会过去的。这也是我特别赞赏它们俩友谊的一点——它们绝不会对朋友斤斤计较。

我已经讲述过波尔迪有多么讨厌水，可是，这个顽固的小家伙偶尔也有不吸取教训的时候。在一个美丽的夏日，我和这两位小伙伴坐在我们家盛开着娇艳睡莲的池塘边，波尔迪从头到尾都一直盯着睡莲看，显然被它们迷住了。我已经预料到将会发生什么事情，于是试图向它解释它身子太重，是没办法在那些长得像盘子一样的叶片上安全降落的。但它像往常一样，一门心思地固执己见，拍拍翅膀就飞向了睡莲，它精确无误地降落在一片睡莲的叶子上，接着，猛地一下和叶片一起沉了下去。

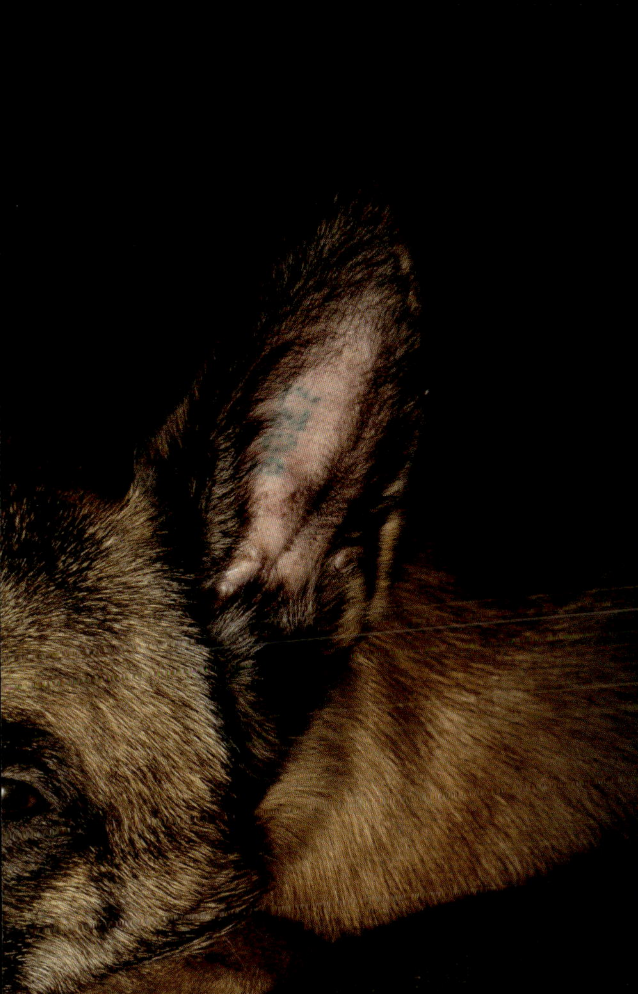

整件事情的后果是什么呢？波尔迪浑身湿透、火冒三丈，在那一整天里都没有再理睬过我。

曾经有一位记者想从我这里要一张尹戈和波尔迪的特色合影。我给这两个家伙拍了无数的照片，因为它们真的是一点儿也不害怕镜头。最有特色的画面是它们俩安详地坐在一起，一个睡一个醒的场景，睡着的那个通常都是尹戈。有一天晚上，我们舒舒服服地坐在一根蜡烛前面，尹戈开始打盹儿，而波尔迪却犹如被催眠了一般瞪着蜡烛不放，我觉得它一定是想保持警醒，保护尹戈不受这小小火苗的伤害。这是一幕非常动人的场景。

当然，我有时也会给我的动物们当一当导演，以便拍出某些特定的主题。这些照片中有一部分在网络上引发了激烈的讨论，甚至被动物保护者称作“虐待动物行径”。我只能不断地强调，我的动物们都生活得像养尊处优的王子一般，如果它们不愿意，是不会被逼着去做任何事情的，决定权始终掌握在它们的手里。有一次，当我把波尔迪放在镜头后面而把尹戈放在镜头前面时，发生了一件非常有趣的事。波尔迪透过镜头看尹戈时，它被深深地迷住了，从而产生了一系列对焦不太准的照片，但至少能猜出照片里的是尹戈。就这样，我的小波尔迪变成了一位真正的摄影师，它把自己的艺术创意不加过滤地表现在了它的作品里。

Canon

在杜塞尔多夫有一个建筑工地，那里有各种各样的小物件。我很喜欢去这个地方，看一看有没有能吸引我目光的东西用于拍照。有时是一只旧轮胎，有时是一个滑板或者一个喷壶。尹戈和波尔迪拿这些东西胡天胡地地玩尽了各种花样。尹戈特别喜欢把它的鼻子穿过一个破旧的沙盒，然后撒着野地把这个盒子在周围甩来甩去。至于我和波尔迪是不是被甩了满身的沙子，显然它根本就不关心。

在这个工地上可以发现许许多多的东西，而我的动物们也在拍摄各种各样照片的过程中享受到了乐趣。有一次，突然出现了两只红隼，在我给它们投喂零食之后，这两只幼鸟甚至开始听命于我的哨音。有时候，事情的进展就是这么迅速，很快地，它们就变成了“我们”的红隼。

红隼喜欢在位置较高的地方孵卵，因此，德语中也把它们叫作“塔鹰”。它们常常出现在城市里的教堂尖顶上，或者别的高层建筑上。它们主要以田鼠为食。

我的床就直接摆放在窗户下面，这样，在清晨苏醒的时候，我就可以径直望向那正慢慢从树梢后面升起的太阳。我热爱着这一时刻，因为这能带给我一种难以言喻的安详与平和感。然后，当我看向尹戈时，会看到它正慢慢地睁开一只眼睛，波尔迪也同样会先拿一只眼睛斜瞟我一眼。它们俩最希望的就是接着继续睡，因为它们打心底里都很嗜睡。但是，如果它们发现，等待它们的将是一场酣畅淋漓的林中漫步时，它们就会迅速地打起精神来。于是，我一只手拿着一杯咖啡，另一只手提着照相机，肩膀上蹲着波尔迪，身边跟着尹戈，就这样出发了。有的时候，我甚至会在起床后忘记换衣服，时常会发生直接穿着睡衣就出门的情况。但是，谁又会计较这个呢？除了一只松鼠、一只狐狸或者几只小鸟，我们一路上都不会再遇到任何人。

自从我把我的照片上传到社交网络之后，粉丝群就急速地壮大起来。如今的情况已经到了这样的程度：不少粉丝甚至直接找上门来，想要近距离地感受一下这些动物。有一次，我觉得太过纷扰嘈杂，于是我们就去艾尔普湖进行了一次远足。波尔迪、尹戈和我找到了一片有着很多古树的林子。波尔迪迷上了一棵枝节特别嶙峋的树，根本就不愿意从树上下来。于是我想出一个办法，委托尹戈去说服波尔迪踏上回家的路。而我的牧羊犬又是怎么做的呢？它在波尔迪的脚下舒服地躺了下来，完全拒绝踏上归途。于是，就产生了这组照片。

尽管难以置信，但在勒夫库森的化工园区里盛开着最为绚烂的花朵。在早春的时候，我和动物们一起去到那里，只为看看那里正开得美不胜收的木兰花。我最喜欢把花儿和动物们放在同一幅画面中，把这样的五彩缤纷完美地呈现出来，这是一种真正的摄影享受。

时不时会有电视台找上门来，这一类的拍摄对尹戈和波尔迪来说永远都是一种非常特殊的情况。电视编辑们当然想要捕捉到它们俩最好的画面和最原生态的镜头，可这必须要有它们的耐心配合，尤其是要让波尔迪产生兴趣。在拍摄这些画面时，我们面临着这样一个挑战：现场使用了无人机进行摄影，虽然尹戈对此表现得相当放松，但是波尔迪却觉得这些飞来飞去的摄像机十分可怕。它完全不敢向上看，而是从头到尾都在盯着我，它的眼神明显是在说："就让这场闹剧早点儿结束吧，求你了！"

有的时候，尹戈很喜欢替自己的好友波尔迪操心。比如，它似乎认为，波尔迪实在是吃得太少了。于是就出现了这样的情形：尹戈从烧烤架上偷走一根香肠递给小鸮，而波尔迪却显得有些恼火，因为尹戈早就应该清楚自己如今只喜欢吃雏鸡。但是，尹戈只是出于好意，它不过是在关心自己的好朋友而已。

有一天，我收到了一个小学班级给我寄来的一只名叫“拉里”的绒布猫头鹰，这群一年级的小学生想通过这个方式对他们在我这里获得的冒险体验表示谢意。于是，我想拍一组波尔迪和绒布猫头鹰的照片，并且把它们俩放在了一个树干上。这个时候，我并没有把尹戈计划在内，但它却无论如何都想要一起合影，并以惊人的速度冲了过来，趴在猫头鹰们旁边就摆起了造型。当然，也摆出了它最美的拍照式微笑。以后，大家也将会在小学教科书里欣赏到尹戈和波尔迪的英姿。这部分教学内容是为了向孩子们讲述真正友谊的价值。这让我们感到无比自豪。

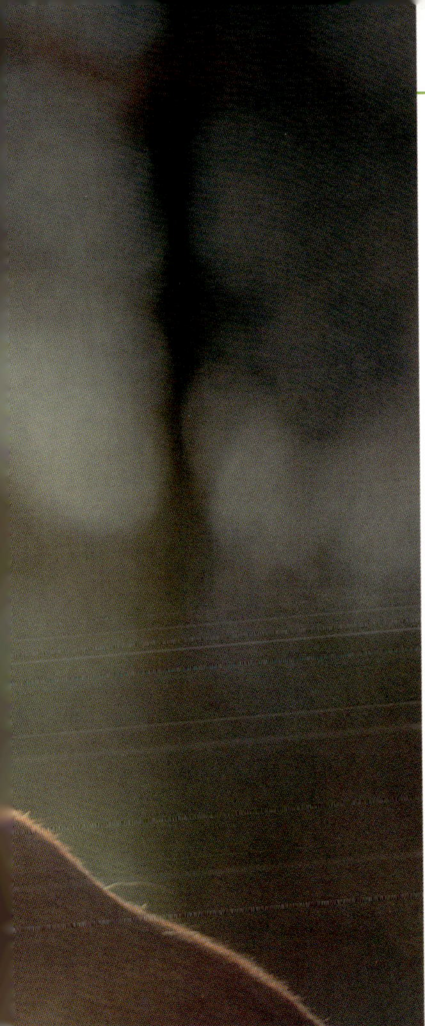

除了特别讨厌水之外，波尔迪也完全无法忍受冬天以及冬雪。不过，即便是在寒冷的季节里，我也必须把动物们带出去，因为它们需要活动活动筋骨。对于作为摄影师的我来说，冬天里的光照条件常常是极其理想的。波尔迪虽然每次都嘟嘟囔囔的，但尹戈却能够说服它一起出去逛逛，并且主动把这位毛茸茸的小伙伴背在身上，这样，波尔迪柔嫩的爪子就不必碰到雪了。

第四章

尹戈、波尔迪与鸟族

尹戈与鹰舍里其他鸟儿们的关系可以说是五花八门的。和有些鸟儿，尹戈可以和谐相处，但有些却还是不打交道的好。每当我出去散步之前站到鸟舍旁边时，我经常能够从它的面部表情看出这一点。如果这时我问它："我们是带上沙漠秃鹰芬妮克斯呢，还是带上雪鸮乌西，或者是波尔迪？"这时尹戈的选择早就敲定了，波尔迪当然必须带上，这没什么好说的。它和波尔迪的相处是最开心的，总想要和波尔迪一起体验新的冒险，使劲儿地瞎胡闹。虽然它也尊重其他的鸟儿，但是它们俩之间的友谊是独一无二的。

芬妮克斯是全家最狡猾的一个。它能比我和尹戈更早地看到、听到并了解所有的事情。它其实并不喜欢狗，但尹戈是一个例外。芬妮克斯盲目地信任着尹戈，并且爱它胜过一切。对我而言，芬妮克斯是一位真正的心灵安慰者。它带给了我力量和自由的感觉，这是我从前一直渴望到心痛的东西。当我们一起进行长途漫步时，我会忘记身旁的世界。而当我趴在地上拍照时，它很喜欢爬到我的背上。偶尔路过的漫步者曾甚至因此差点打电话叫急救医生，因为他们以为我遭到了秃鹰的袭击。

但是有的时候，沙漠秃鹰芬妮克斯和尹戈也会狂野得不行。我把它们俩比作两名追随着共同目标的印第安人。有时，它们迅猛地穿行在树林中，仿佛在追捕它们看中的猎物，彼此间的默契极佳，一个眼神和一个点头就足够表明意思，无须多言，立即出发。

不过，它们也会捉弄、打趣对方。芬妮克斯喜欢时不时扯一扯尹戈的耳朵，有时还会啄一啄它的舌头。然后，尹戈会采取报复，会去咬芬妮克斯的尾羽。如果尹戈停下不动的话，芬妮克斯也会降落在地。如果尹戈无缘无故就跑动起来，那么芬妮克斯也会立刻跟上去。而如果尹戈跳过一个水洼，那么芬妮克斯就会擦着这个水洼险险地飞过去。它们俩很喜欢展开激烈的竞争，总想比一比谁是更快的那一个。

沙漠秃鹰的天敌中包含了土狼。正因为这样，一只沙漠秃鹰和一条牧羊犬居然交上了朋友，这不得不让人格外惊奇。

沙漠秃鹰这种猛禽的翼展可以达到110到120厘米。它们生活在小型的家族群体中，在集体内部也会展开猎杀，而家族首领则是强势的雌鹰。

芬妮克斯特别喜欢吓唬其他的人或者动物。我几乎可以确信，这是它的一项真真正正的爱好。比如，当我们在林间散步的时候，如果迎面跑过来一名慢跑者，那么就有可能出现这种情况：芬妮克斯先是非常仔细地打量对方，然后选择一个理想的出发位置，接着一飞而起，从距离慢跑者头顶仅仅几毫米的地方擦掠过去。我在这种情况下总是会忍不住发自内心地大笑，因为我知道，芬妮克斯绝对不会攻击任何一个人。但碰到这种情况的人却真的会被吓一大跳。眼下，我真的需要训练它改掉这个毛病。

对我而言，芬妮克斯是一只“狡鹰”，因为它极其聪慧，并且学什么都很快。它会对我的指令做出响应，并且不会认为受到了侮辱，而波尔迪却总是有这毛病。即便我在摄影时需要它好几次摆出同一个姿势，芬妮克斯始终都能散发出愉悦的气息。在狩猎途中，它的猛禽特性就会充分地展现出来，它会变得非常凶残、阴险。但如果我们私下里一起外出的话，它却仿佛变了 只鸟似的。因此，我很喜欢与芬妮克斯一起接待孩子们，因为它对小孩子非常温柔。

我家的问题儿童是雪鸮乌西。它是一个独行侠，只有在特定条件下它才会容忍其他鹰类的陪伴。如果只是暂时拍个照，它会勉强忍耐一下芬妮克斯、芭尔博或者波尔迪待在身边。它永远都不会和其他的鸟儿分享同一间鸟舍，不然，它大概会攻击甚至杀死其他的鸟，这是大自然的法则。另外，它可以变得非常讨厌，有时真的会很坏很坏。雪鸮并不是《哈利·波特》中常常描述的那种温驯、平和的猫头鹰。只有在做了大量的信任培养工作之后，我才成功地把它带出家门，甚至还曾带进过冷饮店，在那里，它时不时会把咖啡杯弄翻。

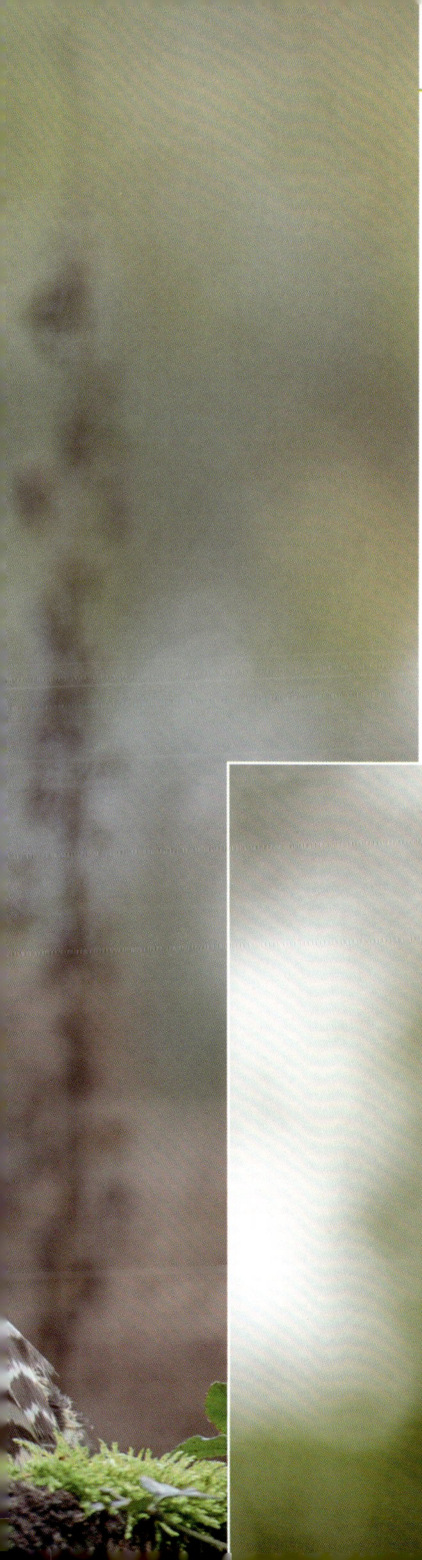

我们的雪鸮乌西其实挺喜欢尹戈，即使它从来都不承认。它时常会呵斥尹戈，但在没人注意的时候，它会很亲近对方。乌西曾经因为元旦夜的烟火而遭遇了一场可怕的事故。它当时正蹲在自己的鸟舍里，一声极大的爆竹声让它大受惊吓，随后撞上了一棵树。这可怜的东西伤到了眼睛，一气之下就开始绝食抗议。而尹戈非常贴心，它无法继续容忍乌西这场自怜自伤的闹剧，于是把一块鸡腿肉直接递到了乌西的嘴边。在经过长时间的骂骂咧咧、恶“眼”相向之后，乌西最终领会了尹戈的好意，于是又重新开始了进食。

说真的，雪鸮时常会蠢得让人难以置信。这也包括乌西在内。有的时候，当它展开双翅准备起飞时，却忘记了松开爪子，然后，它就会扑腾扑腾地脸朝下，一头栽倒在地上。如果有人觉得乌西会从中吸取教训，那可就大错特错了。用不了多久，这种闹剧又会从头再来一遍，而可怜的乌西会再次嘴朝下地趴到地上去。

雪鸮因为能够在 −56℃的环境中存活而备受推崇。它们的腿和脚上长有厚厚的、由大量细小的软绒组成的羽毛。这一方面能够保暖，另一方面也能防止身体陷入积雪当中。

我们家里有一位非常特别的成员就是甘道夫。虽然它精致的白色面孔看起来就和电影里的那位同名巫师一样睿智，但实际上，它是一个真正的接吻爱好者。它总是非常喜欢随时随地、毫无预警地就去亲吻尹戈和波尔迪。每当波尔迪早上从它的小房子里出来的时候，甘道夫就已经在门口等着了，并且一上来就献出一枚亲亲热热的早安吻。但这可不太合波尔迪的脾气，对于这种亲热它会报以阴森森的瞪眼，并且毫不掩饰自己想要躲避甘道夫的意图。

甘道夫虽然还很年轻，却已经在小团体中扮演起了祖父的角色。它总是在看顾着所有人。如果觉得大家闹腾得太厉害了，它也只会镇定从容地转过身，任由年轻人们胡闹去。它和波尔迪的女儿巩佐的关系非常亲密。它关心照顾这个小家伙的情形真的非常动人。

甘道夫的另外一个典型特点是不管在什么场合，它都能一而再地睡过去。不论它正站在其他动物身上还是蹲在树枝上，只要觉得累了，甘道夫就会先睡上一觉再说。

如果白脸角鸮嗅到了危险的气息，它们就会收拢脸部的毛羽，让圆圆的脑袋显得窄小，让双眼看上去像是狭长的闪电。一旦觉得自己受到了打扰，它们就会把羽毛展开膨大，并通过发出“嘶嘶”的叫声来试图赶走捣蛋分子。

芭尔博，全名叫作克劳丝·芭尔博，它是一个真正有女明星做派的家伙。它甚至会因为小鸡崽儿的发型不对它的胃口而拒绝吃它们。可当年还是幼鸟的它，外貌也并不怎么样呢。不过，今天的芭尔博，我们家的这只西伯利亚猫头鹰，长得真是漂亮极了，它也是我的最爱之一。

西伯利亚猫头鹰的个头是猫头鹰家族中最大的，翼展可以达到170厘米，它们极为典型的优势是出众的视力。不过在狩猎时，它们靠的却是优良的听力。

芭尔博在与其他动物打交道时（也包括人类），并不是特别好相处。我想，它还是太年幼了，还需要一些时间来学会如何真正地与别人交朋友。目前，它仍然是一个依赖妈妈的孩子，一旦觉得不对劲或者害怕的时候，它就会依偎到我身边来——而这样的情形甚至是常态。它只信任尹戈，因为它觉得尹戈在保护它。

甘道夫需要一些时间来习惯我们大家。它从一开始就非常可爱，并且最喜欢在我的肚子上睡觉。它第一个真正的朋友是波尔迪。我一开始觉得很惊奇，波尔迪是一个很善于隐藏自己充满爱心的一面的家伙，它居然能这么快就对这只白脸角鸮敞开了心房。话说回来，甘道夫也总让我想起爱偷东西的喜鹊，因为它总是喜欢偷零食、八字烤饼或者其他类型的面包块，最好是直接从别人手里拿走。而它最爱吃的是炒鸡蛋。当我站在厨房里想给它准备一顿可口的饭菜时，它就会坐到锅子旁边，认认真真地监督着，以确保我所有的操作都正确无误。

第五章

波尔迪与芬馨的火热激情

我曾经花了很长的时间想给波尔迪找一位合适的女朋友，但却一筹莫展，因为我找不到能够卖给我一只雌鹰的人。有一天，一位培育员给我打来电话说他那里得到了五枚蛋，现在就看我们的运气了。然而很快我们就知道了结果，孵出来的全是雄性。但极为幸运的是，我在巴伐利亚州找到了一名培育员，他可以为我提供一只雌鹰，那是一只性子非常野的女士，肯定会很适合性情乖戾的波尔迪。

当芬馨终于来到我们家时，它看上去相当阴沉。它还好吗？我问着自己。当我们在观察它的时候，我越来越怀疑芬馨和波尔迪是否真的能够爱上彼此。雌性攻击雄性的情况也时有发生。就像所有的种族一样，猫头鹰女士们选择的都是最快、最漂亮的伴侣来共同筹划后代的繁衍。芬馨又怎么可能恰好就看中我送到它面前的第一个对象呢？

因为一切的猜测和推断都提供不了切实的帮助，于是我二话不说就把它们俩送进了鸟舍。波尔迪和芬馨一开始还保持着一段安全距离，密切地注视着对方。我觉得应该让它们自己待一会儿，不受打搅地好好互相认识一下。过了一会儿，我听见好友卡萝拉大叫：“波尔迪想要弄死那个小家伙，快来救命啊！”情况的确如此，当我来到鸟舍的时候，我非常震惊地看到波尔迪使劲推搡着芬馨并且真的在殴打它。可是，这种毫不温柔的对待并未让芬馨有所动摇。它在波尔迪的“男士公寓”前上蹿下跳了好几天，直到波尔迪放弃初衷，开始与它和平共处。从此以后，它们就成了一对情侣。

尹戈在一开始的时候对这两只小鸮的恋爱关系并不看好，它大概是嫉妒了，而且也可能有点担心会失去自己最亲密的朋友。不过，即使波尔迪和芬馨非常亲密，但每当我们一起出去散步，让波尔迪可以从家庭义务中脱身片刻时，它总显得像是松了一口气似的。看来，每位男士都需要偶尔来一场纯雄性的结伴出游。就算正处于热恋之中，真正的朋友仍然是无法替代的。

虽然波尔迪和芬馨明显地爱着对方，但它们俩在刚开始的时候却经常吵架。它们冲着对方大喊大叫，觉得自己受到了冒犯，于是就开始用嘴巴、翅膀、爪子一齐上阵地对打起来。可是在几个星期之后，我就喜出望外得热泪盈眶了，因为我在波尔迪和芬馨的鸟巢里先是发现了三枚蛋，接着又发现了五枚，我现在终于可以升级当“奶奶”了。

真正让我赞赏的是波尔迪克服了自己的心理阴影，为芬馨弄来了老鼠吃，虽然它痛恨老鼠并且从来不愿意碰触它们。但它是一位模范爸爸，不仅会负责吃食，同时也展现出了强大的保护者天性。对那些盯上了芬馨的鸟蛋的乌鸦，它会用最大声的鸣叫加以驱逐。有一天晚上，一只鼬鼠溜进了鸟舍，波尔迪立即扯开嗓子把这家伙的注意力从孩子们的身上引开，直到我跑过来把鼬鼠赶走。从那以后，它就有了一个新的绰号——终结者小波。

芬馨完全进入了母亲的角色，它开始悉心地照料孩子们。波尔迪会经常过去看看，了解一下孩子们的情况。我从孩子们中留下了一位非常特别的小姑娘，它就是巩佐。这位纵纹腹小鸮女士目前正处于青春期，所以有的时候会非常任性。它非常喜爱甘道夫，因为甘道夫散发出极大的安详感，并且也喜欢和它依偎在一起。而尹戈和波尔迪“男人之间的友谊”很好地经受住了育儿阶段的考验，我能清楚地看到它们俩非常开心，因为现在有了更多的时间和彼此做伴。

而尹戈也发现，巩佐是一位非常不错的雌性朋友。它和它的爸爸一样喜欢亲近尹戈，一方面是让自己有一种被保护起来的感觉，另一方面也是为了能和尹戈大肆亲热一番。于是，尹戈、甘道夫和巩佐就组成了一个联盟，一起做了非常多开心有趣的事。巩佐也更愿意接受尹戈的亲吻，它似乎特别喜欢这种温存的时刻。有时候，当我看到我的动物们之间充满着如此丰富的爱意时，我几乎无法相信自己的好运。而我也期待着，将来我们能一起共度更多有趣的、温暖人心的亲密时刻。